MÚLTIPLES FUENTES DE INGRESOS CON TU LIBRO

Estrategias Para Generar Múltiples Fuentes De Ingresos Incluso Sin Escribir Tu Libro

Helio Laguna

Título: Múltiples Fuentes De Ingresos Con Tu Libro

© De los textos: Helio Laguna

Ilustración de portada: Beto González

Revisión de estilo y Maquetación: www.escritoyhecho.com

1ª edición

© 2016, Helio Laguna

Todos los Derechos Reservados.

¡¡IMPORTANTE!!

No tienes los derechos de Reproducción o Reventa de este Producto.

Este Ebook tiene © Todos los Derechos Reservados.

Antes de venderlo, publicarlo en parte o en su totalidad, modificarlo o distribuirlo de cualquier forma, te recomiendo que consultes al autor, es la manera más sencilla de evitarte sorpresas desagradables que a nadie gustan.

El autor no puede garantizarte que los resultados obtenidos por él mismo al aplicar las técnicas aquí descritas, vayan a ser los tuyos.

Básicamente por dos motivos:

- Solo tú sabes qué porcentaje de implicación aplicarás para implementar lo aprendido (a más implementación, más resultados).
- Aunque aplicaras en la misma medida que él, tampoco es garantía de obtención de las mismas ganancias, ya que incluso podrías obtener más, dependiendo de tus habilidades para desarrollar nuevas técnicas a partir de las aquí descritas.

Aunque todas las precauciones se han tomado para verificar la exactitud de la información contenida en el presente documento, el autor y el editor no asumen ninguna responsabilidad por cualquier error u omisión.

No se asume responsabilidad por daños que puedan resultar del uso de la información que contiene.

Así pues, buen trabajo y mejores Éxitos.

Tabla de Contenidos

INTRODUCCIÓN 9
LA FÓRMULA PARA ESCRIBIR TUS LIBROS 17
¿POR QUÉ PUBLICAR EN AMAZON? 19
CÓMO ELEGIR EL TÍTULO DE TU LIBRO 25
TIPS PARA ESCRIBIR TU LIBRO 27
CÓMO AUTOPUBLICAR TU LIBRO 29
CONCLUSIÓN 45

Introducción

Hola, ¿qué tal? Te saluda Helio Laguna y en este libro te voy a mostrar cómo escribir un libro y también cómo crear un negocio de seis cifras alrededor de él.

Vamos a ver cómo escribir un libro, cómo monetizarlo, cómo subirlo a las plataformas de Kindle y CreateSpace, cómo llevar tu libro a las librerías y cómo financiar tu autopublicación.

¿Quién soy yo para decirte todo esto?

Soy una persona que, como muchas en este mundo, ha pasado por momentos altos y por momentos bajos en su vida y que un día se dio cuenta de que necesitaba compartir su experiencia con los demás para ayudarles a avanzar más rápido.

Fruto de ello, comencé a escribir libros para dejar un legado perenne que pueda ser aprovechado por todo el mundo y hoy, estás leyendo el que es mi libro publicado número 53 y te aseguro que no va a ser el último ni mucho menos.

No sé en qué momento de tu vida estarás ahora mismo, querido/a lector/a, pero lo que sí sé es que la mejor manera de compartir tu historia con el mundo es por medio de un libro.

Sí, gracias a escribir tu historia en un libro, la puedes compartir con millones de personas alrededor de todo el mundo y va a estar ahí durante toda la vida, pues un libro es la manera ancestral de perpetuar el conocimiento y te aseguro que absolutamente todos tenemos un mensaje muy importante que compartir con el mundo.

Y además de esto, si contamos que quieres emprender un negocio o ya estás en ello y el 99% de tu competencia no tiene un libro, además de ayudar a los demás, vas a lograr posicionarte como un referente en tu nicho de mercado.

Son muchas las personas que están compartiendo emprendimiento contigo y la gente les pueden comprar a ellos o te pueden comprar a ti. Ten en cuenta que hoy en día, gracias a Internet, tu competencia ya no está solo en tu ciudad o en tu país sino en todo el mundo y si el 99% de tu competencia no tiene un libro y tú sí ¿qué va a pasar?

Que te van a comprar a ti no al resto.

Puede que estés pensando que alguien de tu competencia tiene un libro publicado también, pero te aseguro que no lo tendrá posicionado como Best Seller, tal y como lo vas a hacer tú.

En México, mi país, no está regulado el tema de ser Best Seller. De hecho, se dice que si tienes 5.000 ventas de tu libro ya eres Best Seller. No sé cómo será en tu país pero sí que te voy a mostrar la manera de ser Best Seller y que tu libro esté en las librerías.

De hecho, voy a contar con el testimonio de alguien que lo ha hecho con varios de sus libros y te va a contar paso a paso el proceso que utilizó para imprimir sus libros y vender en las librerías más de 5.000 ejemplares de cada uno.

En Estados Unidos, cuando alguien es Best Seller tiene reconocimientos a nivel público, saliendo incluso en el New York Times. Sin embargo, en México no lo hay, así que el único reconocimiento que puedes tener es que cuando vendas 5.000 ejemplares tú mismo te digas que eres Best Seller.

Pero ya no tiene por qué ser así, gracias a Amazon ya puedes tener tu reconocimiento oficial. Una vez que logras las suficientes ventas para ser el libro más vendido en tu categoría, Amazon te va a dar un distintivo de Best Seller que puede durarte un día, dos años, diez años...

El caso es que dure lo que dure, para siempre habrás sido escritor Best Seller en tu categoría y eso, de cara a tu negocio es algo que te va a dar un posicionamiento espectacular.

Para ello lo único que debes hacer es, cuando aparezca tu libro etiquetado como Best Seller, tomarle una fotografía, una captura de pantalla, y decirle al mundo: *"¡Soy autor Best Seller!"* Luego le pones el sellito de Best Seller a la portada de tu libro y te aseguro que nadie más podrá competir contigo porque tú tendrás ese reconocimiento que te da Amazon y ellos no.

Y me puedes decir: *"Pero Helio, he visto que en algunas librerías hay unas listas de los autores más vendidos y que son Best Seller."*

Sí, pero esas listas son de pago.

La mayoría de esos autores va a Sanborns, por ejemplo, y dice: *"Yo quiero estar en esa lista para que mi libro sea de los más vendidos. ¿Podéis incluir mi libro?"* Y la respuesta de la librería es: *"Sí, ¿cómo no? Son 10.000 pesos"* (O lo que sea). Los pagas y apareces en esa lista.

Sin embargo, el sellito de Amazon es fruto del algoritmo de Amazon y de las ventas que has tenido con lo cual, tu libro se va a hacer Best Seller porque es el más vendido sin duda.

¡Imagínate si Amazon te dice que vendiste más que Robert Kiyosaki o más que Paulo Coelho y ahora mismo eres el Best Seller en tu categoría!

¿Cómo te sentirías?

Bien, ¿verdad?

Pero, ¿y si te digo que del 1% de tu competencia que tiene un libro, muy pocos son Best Seller y de esos pocos que tienen un libro Best Seller muy pocos piensan en el segundo, en el tercero o en el cuarto o en el quinto o en el 48 o en el 49...?

Puedes hacer cuántos libros quieras.

En una conferencia que di, llamada "Domina tu industria", tenía ante mí a un montón de empresarios que querían dominar su nicho de mercado y uno de los sistemas para dominar su industria es escribir un libro sobre la temática que maneje su industria.

Por ejemplo, imaginemos que estás en la industria de terapias holísticas, ¿crees que hay un libro de terapias holísticas?

Si no lo hay, puedes escribirlo tú y posicionarte como referente en un instante.

Y si resulta que lo hay y lo ha escrito alguien que es una eminencia en la materia, una persona considerada Gurú y el libro es un grandísimo libro, ¿por qué no escribir, no uno, sino varios libros sobre terapias holísticas?

¿Para qué?

Porque si vas a Amazon y buscas un libro sobre terapias holísticas, va a aparecer en el número 1 el súper libro del Gurú de las terapias holísticas, pero en el resto de la página donde aparece el Top Ten de los libros más vendidos, desde el número 2 hasta el 10 van a aparecer tus 9 libros sobre el tema.

¿A quién crees que la gente va considerar más experto, al que tiene un libro o a ti que tienes 9?

Así es como vas a dominar tu industria, porque la gente te tendrá como referente.

Pero si son pocas las personas que hacen esto, aún son muchas menos las que han pensado en convertir ese libro en un modelo de negocio.

Desde hace unos años, gracias una persona llamada Brendon Burchard, los escritores y los artistas que hacen un curso con él saben cómo monetizar su conocimiento. Antes no, antes los artistas se morían de hambre e incluso habían casos de personas que habían sido referentes a nivel mundial que acababan viviendo de la caridad

¿Quién no conoce a Napoleon Hill?

Pues él, que es uno de los escritores más leídos de la historia, debido a que en la época en que escribió su libro *"Piense Y Hágase Rico"* (el libro que más millonarios ha creado en todo el mundo) no existía todo este conocimiento sobre cómo monetizar un libro, terminó muriendo pobre.

Lo mismo pasó con el que inventó el Monopoly (uno de los juegos de mesa de Finanzas más famosos, por no decir el más famoso del mundo), que al no saber monetizarlo, tal y como hizo Hasbro después, tuvo una vida de penurias. De hecho, esta persona nunca lo registró y los primeros juegos que se vendieron no se monetizaron hasta que esta compañía se hizo con los derechos y lo convirtió en lo que es hoy en día.

Puede que te sorprenda lo que acabas de leer, pero cómo estas existen infinidad de historias de cantantes, poetas, escritores, compositores, lo que sea, que fueron o son muy talentosos pero están quebrados porque no convirtieron eso que crearon en todo un negocio y tú vas a conocer aquí, cómo crear todo un modelo de ingresos alrededor de tu libro.

No se trata sólo de escribirlo y ya, tu libro va a ser la puerta de entrada a tu negocio y te va a convertir en experto porque te dará el posicionamiento que necesitas y vas a saber cómo monetizar todos estos activos.

Así que no pienses solo en escribir, sino en crear toda una industria alrededor de tu libro.

Piensa un poco, en estos momentos puede que admires a alguien por haber escrito un libro. Por ejemplo, yo admiro a Robert Kiyosaki y para mí es un experto a seguir.

¿Por qué?

Porque escribió un libro que se hizo Best Seller y que ha inspirado a muchísimas personas y por eso tiene el posicionamiento que tiene y es la persona que tiene la supremacía en finanzas personales.

Dime, cuando piensas en finanzas personales, ¿qué nombre es el primero que te viene a la mente?

Robert Kiyosaki, ¿verdad?

Y esto es porque no solo inspiró a muchas personas con su libro, sino que creó todo un modelo de negocio alrededor de su libro. Tiene juegos de mesa, coachings en línea, eventos presenciales... ¡Toda una industria alrededor de su libro! Y tú puedes hacer lo mismo.

Lee con atención lo que te voy a decir para que te des cuenta del poder del libro que tiene ante ti ahora mismo, si escribes un libro sobre finanzas personales y sigues los pasos que te voy a descubrir en este libro, puedes estar incluso por encima de Robert Kiyosaki en el ranking de ventas.

Puede ser durante un día, puede ser una semana, puede ser un mes, el tiempo que sea, pero vas a estar por delante de él y debes tomar esa foto para presumirlo al mundo.

Pero no creas que este es un libro teórico y nada más. Si sigues las instrucciones que te voy a dar, vas a poder escribir tu propio Best Seller en menos de un mes y no sólo eso, al conocer el método exacto para hacerlo, vas a poder escribir uno, diez, veinte... Los que quieras y hacerlos Best Seller uno tras otro.

Tu libro se puede convertir en tu vehículo financiero, en algo que te lleve a cumplir tus más locos sueños.

Imagina que quieres ser conferencista, te vas de gira y en tus eventos presenciales presentas y vendes tus propios libros... Lo mismo pasa si quieres ser coach o lo que sea que quieras hacer como emprendimiento, este libro puede abrirte las puertas a lo que siempre soñaste.

No te digo que tus libros sean los mejor escritos, los que tiene mejor contenido o incluso que superen en conocimiento a los libros de los grandes maestros de la historia, pero van a ser los más vendidos.

Kiyosaki dice que sus libros no son los mejores escritos, pero sí que son los más vendidos y eso es lo que te voy a mostrar aquí, cómo hacer que tu libro sea el más vendido para crear toda una industria alrededor de él. Y no sólo eso, sino que además puedes conseguir el gran propósito de toda persona, trascender ayudando a los demás.

Se dice que en la vida de toda persona lo más importante debe ser tener un hijo, plantar un árbol y escribir un libro. Yo te digo que no es así.

Lo más importante es criar un hijo, hacer que ese árbol crezca y que tu libro sea el más vendido.

Y lo que hay detrás de todo esto es trascender conscientemente o inconscientemente, lo que buscamos es trascender y ayudar a los demás. Y con ese propósito de trascender, tu libro te da la posibilidad de aumentar notablemente tu visibilidad, credibilidad, confianza y autoridad.

Dime, ¿pensarías que alguien que ha escrito un libro es un charlatán?

Bueno, hay algunos jejeje, pero el 99% de las personas pensaríamos que esa persona que ha escrito el libro sabe mucho sobre su tema.

Además, un libro te permite generar múltiples fuentes de ingreso porque atraes alianzas con personas de primer nivel.

¿Piensas que alguien te podría contactar porque vio en Amazon tu libro y quisiera hacer negocios contigo?

Efectivamente.

De hecho, he sido invitado a dar muchas conferencias porque he escrito un libro, o muchos en mi caso.

Y no sólo he dado conferencias, sino que gracias a ello he trabajado con muchísimas personas con personas a las que admiro y de las que he aprendido y ahora me han propuesto trabajar con ellos, cuando antes casi ni me conocían y cuando escribí el libro me conocieron y quisieron trabajar conmigo.

Puedes tener cobertura mediática que te ayude a posicionarte aún más.

¿O acaso piensas que alguien no te puede entrevistar por tener un libro (incluso más si eres Best Seller) y puedes aparecer en radio o en televisión como autor Best Seller de un libro sobre tu temática?

Puedes convertir a tus clientes en fans que desean aprender una y otra vez de ti y que te generen ingresos mes tras mes gracias al modelo de ingresos integrado con tu libro, tal y como te comentado antes.

Pero bueno, ¡ya está bien de cháchara!

Vamos a avanzar porque te voy a mostrar la fórmula exacta para escribir y monetizar tu libro.

Comenzamos...

La Fórmula Para Escribir Tus Libros

La fórmula se llama 4-3-4 y no es la formación de ningún equipo de fútbol ni nada por el estilo, es la fórmula que te va a permitir, no solo escribir un libro, sino crear una industria alrededor de él.

Esta fórmula es la plataforma sobre la cual vas construir un negocio que te permita crear diferentes productos, en diferentes niveles de inversión enseñanza y trascendencia.

Estás a punto de conocer la receta de la fórmula mágica para atraer a tus clientes y gracias a ella vas a posicionarte como número 1 en tu nicho de mercado utilizando la fórmula 4-3-4 a tu favor de forma estratégica.

No te centres en crear productos sino en crear un modelo de negocios. Vas a trabajar de manera inteligente y monetizarás absolutamente todo lo que hagas, desde tu libro hasta el último de los productos complementarios a tu libro.

¿Cómo Empezar?

Está fórmula se llama 4-3-4 porque se trata de hacer 4 pasos o etapas de una estrategia, 3 acciones para cada uno de estos pasos y 4 productos distintos alrededor de tu libro.

Por ejemplo, imagina que quieres lanzarte a emprender...

Deberías crear una estrategia de cuatro pasos:

Paso 1. Conocerte.

  Acción 1. Identificas tus fortalezas.

  Acción 2. Enumeras tus habilidades y dones.

  Acción 3. Haces una lista de lo que te apasiona.

Paso 2. Hacer un plan de trabajo.

  Acción 1. Diseña la estrategia a seguir cada mes.

  Acción 2. Disecciona ese plan mensual por tareas semanales.

  Acción 3. Enfócate en que cada día cuente.

Y así, hasta completar los cuatro pasos.

Como ves en cada paso de este ejemplo, hay tres acciones a realizar.

Y como te he dicho deben ser 4 productos los que tienes que realizar en relación a tu libro:

El producto 1 es el libro.

El Producto 2 un producto de información o Infoproducto. Ya sea que grabes el contenido del libro en vídeo o que lo conviertas en un entrenamiento en audio.

El producto 3 podría ser un entrenamiento en línea. Por ejemplo, escribes el libro "Cómo vivir libre" y después haces un Infoproducto que se llama "Doce pasos hacia la libertad" pues el producto 3 puede ser un entrenamiento en línea, es decir, cada semana das contenido por medio de hangout, Webinar o Facebook Live y haces un entrenamiento de 12 semanas llamado "Tu camino hacia la libertad".

Y el producto 4 puede ser un coaching 1 a 1 o un coaching en línea o presencial, cómo mi club "Ingreso Perpetuo" en el que nos vemos durante todo el año, para aprender a detalle una vez al mes, un activo que se puede monetizar.

Recuerda 4 pasos 3 acciones para cada paso y 4 productos de información esta es la fórmula 4-3-4.

¿Por Qué Publicar En Amazon?

La mejor y más rápida estrategia de posicionamiento es tener tu libro y tenerlo en Amazon porque puede ser Best Seller y si estás en cualquier librería famosa tipos Sanborns, a no ser que les pagues no vas a ser Best Seller.

Y si además estás en México, no vas a tener el reconocimiento como escritor mexicano más vendido.

Amazon vende el 65% de los libros digitales y el 40% de los libros físicos que se compran a nivel mundial.

Ahora es un sitio web de ventas tipo MercadoLibre o eBay, pero al principio comenzó como un sitio de venta de libros y aun así, hoy por hoy es la librería más grande del mundo.

Para resumir un poco estos números, Amazon vende más que el 90% de todas las librerías juntas.

De hecho, las personas que más dinero ganan en el mundo vendiendo libros están en Amazon. No hay nadie en el Top Ten, ya sea en ventas o en ingresos, que no esté en Amazon y de hecho, si están ahí es gracias a que están en Amazon. No hay más que decir.

¿Qué más ventajas aporta Amazon?

No nos gusta a recorrernos el país en busca de un libro que no esté y que nos digan que volvamos la semana siguiente que igual está y volvemos y tampoco, así que Amazon te da la oportunidad de comprar ese libro en 2 segundos y tener ese libro digital delante con tan solo un click (ese es el poder de los libros digitales y que utilizó Amazon para hacerse grande).

Amazon tiene 40 millones de tarjetas de créditos activadas preparadas para comprar en el instante que hagan clic sus dueños. Esto hace que cada vez que quieran comprar algo en Amazon ya no tienen que sacar su tarjeta y meter los 16 dígitos y el código de seguridad y todo esto que se hace un poco costoso, sino que al tener ya registrada su tarjeta, en cuanto ven el libro, con un solo clic lo tienen delante de ellos.

Amazon es el rey de las ofertas aumentadas.

Es decir, compraste tu libro y estás contento con el libro que querías, pero la felicidad se te borra porque Amazon te dice que las personas que compraron este libro también compraron estos otros libros y entonces vas y compras dos libros más como hicieron tus amigos o los demás que han comprado el libro.

¿Y cómo lo logra?

Amazon invirtió más de 1.000.000 de dólares en el algoritmo que te dice que otras personas que compraron el mismo libro que tú, compraron otros productos y hace que eso te fuerce inconscientemente a comprar 2, 4 o incluso más productos o libros, porque cuando compras esos dos también te dice "las personas que compraron estos libros también compraron estos dos más" y así hasta que te canses de comprar.

En Amazon, el 90% de los libros se vende entre 4 y 9 dólares, aunque puedes vender un libro por 1 dólar o por 10 o incluso por 100 dólares (yo compré un libro sobre inversiones que valía eso).

Amazon te permite tener un libro en la página con más visitas de compradores y generando beneficios de hasta el 70% de cada venta. Pero no te quedes solo con esto, también puedes estar al mismo tiempo en las más grandes librerías y aunque te paguen sólo un 6% de regalías. Como tienes la base de tus ingresos con las ventas de los libros en Amazon, puedes lograr que esto también te posicione a nivel físico.

Es decir, escribes tu libro, lo vendes en Amazon y e CreateSpace (plataforma de libros físicos de Amazon) pero además aparece en Sanborns, imprimes tu propio libro y lo vendes tú mismo por Internet y en tus conferencias y así ganas el 100% o el 70% o el 6% etc.

Además hay una opción que se llama Kindle Unlimited, gracias a la que por 10 dólares las personas pueden descargar un libro, leerlo, devolverlo y descargar otro, leerlo y devolverlo... Digamos que es como si te lo prestaran para leerlo gracias a la membresía de 10 dólares que has pagado.

Pues déjame decirte que si inscribes tus libros en este programa de préstamo, Amazon también te paga una cantidad por la parte proporcional de páginas que han leído las personas de tus libros. Cuando subes tu libro te da esa oportunidad de inscribirlo y el beneficio es que Amazon te paga. Te lo recomiendo.

Amazon es un algoritmo, al igual que Google, con lo que puedes aprender a dominarlo y posicionar tu libro.

Cuando la gente busca tu libro o algo relacionado con tu libro, en Google puede incluso aparecer tu libro gracias a Amazon. De hecho, no sé si te has dado cuenta de que cuando buscas alguna palabra en Google, entre los 10 primeros siempre aparece algún libro de Amazon posicionado, entonces también debes aprovechar eso para que tu nombre salga en Internet y te contacten y lleguen a ti.

Existen más de tres millones de libros publicados en Amazon y solamente el 3% están escritos en español es decir el 97% de los libros están escritos en inglés y cómo sabes no todos hablamos inglés, así que la cifra está totalmente desproporcionada con relación a la cantidad de lectores de habla española que visitan Amazon.

De las personas que visitan Amazon, un 60% hablan solo en inglés y un 40% de personas hablan español. Imagina entonces, si 40 personas de cada 100 entran cada día en Amazon y solo pueden tener tres libros a su disposición en idioma español, esa demanda que es brutal puedes cubrirla con tus libros.

El 40% de las ventas en Amazon son generadas por escritores novatos como tú y como yo, lo cual quiere decir que puedes generar ingresos.

Yo pensaba que el 90% de ingreso se lo llevan escritores tipo Paulo Coelho y todos estos y no es así, está mucho más equilibrado con lo cual puedes subir tu libro a Amazon y estar compitiendo contra Paulo Coelho o Robert Kiyosaki en igual de condiciones.

Ellos no tienen privilegios ni aparecen mejor posicionados porque son ellos, sino que en el campo de batalla, en el terreno de juego de Amazon hay una gran igualdad. Se dice que Internet aplanó el terreno de juego de los negocios y Amazon aplanó el terreno de juego de los escritores.

Autopublicar en Amazon es muy sencillo y lo puedes hacer tanto en formato digital como en físico (en Kindle Direct Publishing y CreateSpace).

Gracias a esto, no tienes que imprimir tu libro sino que simplemente lo subes a Amazon y la gente compra tu libro, CreateSpace imprime una copia y la reciben en su casa.

Además tu libro físico queda a la venta en Amazon igual que el de formato digital y sin invertir absolutamente nada, porque están interconectados.

Los beneficios de autopublicar con Amazon son:

- Es una plataforma sencilla y siempre disponible.
- Distribución global totalmente gratis.
- Las mejores regalías del mercado (pueden llegar incluso hasta el 70%).
- Puedes publicar fácilmente con herramientas gratuitas y si lo deseas, no tienes que invertir en diseñadores y programadores para subir un libro digital.
- Conservas tus derechos de autor, es decir, si subes un libro a Amazon también lo puedes publicar en librerías porque los derechos de autor son tuyos, no de Amazon.

Cuando subes tu libro a Amazon no pierdes los derechos de autor, es decir, Amazon no te dice *"este libro es propiedad mía"* sino que sigue siendo propiedad tuya, tú lo publicaste.

Además, te asignan un código ISBN, que en Amazon se llama ASIN, de manera automática.

Registrar el libro es otro proceso, que es diferente en cada país, pero en Amazon este libro es tuyo y nadie lo puede publicar más tú. Si una persona decidiera transcribir tu libro y subirlo a Amazon, no lo iban a dejar porque se darían cuenta de que ya está repetido y te dirían *"no puedes subir ese libro porque es de tal persona y no tienes los derechos de este libro, así que no te permitimos subir el libro."*

Una vez está subido tu libro y en el mercado, mantienes el control de tu libro. Puedes subir tu libro hoy y a la media hora cambiarle la portada, cambiar el texto, a los 30 minutos subir otro capítulo nuevo, etc.

Puedes actualizarlo cuantas veces quieras sin pedirle permiso absolutamente a nadie.

No es lo mismo que si imprimes 5.000 ejemplares de un libro y cuando sale, te das cuenta de que falta una coma y ya salió y no puedes hacer nada. Aquí no. Con Amazon tienes todas las oportunidades que desees de editar tu libro.

Es decir, si te diste cuenta de que le falta un acento, lo corriges y subes el archivo corregido y a las personas que ya lo compraron, si le dan a sincronizar cuando abren sus Kindle para leer el libro, les aparecerá el archivo ya corregido.

El mercado es enorme y el español es el segundo idioma materno más hablado en Amazon.

405 Millones de hispanoparlantes de más de 35 países distintos entran a Amazon diariamente y entre ellos están Estados Unidos, España, México y Colombia entre otros, así que no desaproveches esta oportunidad de publicar tu libro en

Amazon, ya que pone a tu disposición toda una red de distribución y creación de libros que te va a dar la llave de la puerta del éxito con tu negocio.

Cómo Elegir El Título De Tu Libro

Para elegir el título de tu libro no tienes por qué hacerlo al principio, puede ser a mediados de escribir el libro o incluso al final.

Para ello puedes usar, por ejemplo, el título de algún capítulo.

Si tu libro trata sobre solucionar algún problema de tu lector y le muestra cómo llegar desde el punto A hasta el punto B, el capítulo de tu libro puede ser ese punto B.

También puede ser el nombre de algún personaje de tu libro.

O incluso, puedes crear un título con el punto A desde donde parte tu lector y en el subtítulo hablar del punto B para que se dé cuenta de que una vez lo lea habrá logrado resolver su problema.

Debe ser una promesa, pero debes asegurarte de cumplirla.

Es decir, no puedes titularlo "Cómo lograr que tu hijo crezca sano y guapo" y que el libro hable de otra cosa, por ejemplo de finanzas personales. No tendría sentido.

También puedes utilizar alguna metáfora tipo "El luchador invencible", "Vendedor imparable", "Liderazgo implacable"...

Sea cual sea, el título que pongas debe cumplir con dos premisas importantes:

No debe tener más de 4 o 5 palabras.

Debe contener la palabra clave por la cual lo quieres posicionar en el buscador de Amazon.

¿Por qué?

Porque así las personas van a llegar a él directamente en Amazon.

Si posicionas la palabra clave que pones en el título, lograrás que las personas encuentren tu libro sin que te conozcan.

Entonces, una palabra muy buscada es "finanzas". Pues podría ser el título de tu libro, si fuera de finanzas, "Finanzas sanas", "Finanzas de pareja" o "Finanzas para todos". ¿Tiene sentido?

Sea cual sea el título que elijas, recuerda siempre que Amazon es un buscador. Así que si quieres que te encuentren por alguna palabra clave, ponla en el título o como mínimo en el subtítulo.

Resumiendo, haz un título de cuatro o cinco palabras máximo incluyendo la palabra clave que quieres posicionar y un subtítulo aclarando un poco más el concepto del título.

Tips Para Escribir Tu Libro

Una vez tienes el título y el subtítulo el siguiente paso es escribir tu libro.

La mayoría de los Best Sellers están escritos con un lenguaje sencillo y directo. No cometas el error de buscar las palabras más rebuscadas del castellano que nadie utiliza, escribe tal y como si les estuvieras hablando a tus amigos o a tu familia.

La medida estándar debe tener entre 100 y 150 páginas (entre 25.000 y 40.000 palabras) aunque pueden ser más o pueden ser menos. De hecho, yo tengo un libro de 20 páginas y tengo otro, en el que junté 3 libros en uno, que tiene más de 700 páginas.

Sea cual sea la longitud de tu libro, Amazon te permite subirlo.

Utiliza un estilo de entrevista y enfócate en tu lector recordando en todo momento cuál es el problema o el sueño que tiene por resolver.

Transcribe si es necesario. Es decir, si no te sientes a gusto escribiendo, puedes grabarlo y luego mandarlo a transcribir.

Yo lo hago. Yo tengo una persona, Sento Lorente de www.escritoyhecho.com, a la cual le envío una o dos horas de audio o vídeo y esa persona se encarga de transcribirla, darle formato de libro y publicarlo en Amazon y así fue como conseguí hacer un libro e incluso a veces, dos libros por semana en 2016.

Para escribir tu libro vas a seguir esta estructura, vas a hacer 10 capítulos que contengan cada uno 4 sub capítulos y en cada subcapítulo debes hacer 3 secciones.

Para ello, debes hacerte una lista de 10 preguntas o dudas que tiene tu lector con respecto al problema que desea resolver y que le vas a resolver en tu libro y cada una de ellas, con la respuesta que le des, va a ser un subcapítulo.

Y para hacerlo aún más sencillo, dentro de cada capítulo puedes hacer otras tres preguntas que vienen a ser las secciones.

Si sigues este esquema verás cómo, casi sin darte cuenta, irás completando tu libro capítulo a capítulo.

Tan solo es cuestión de empezar.

Cómo Autopublicar Tu Libro

Publicar un libro con una editorial puede ser muy complicado.

Todos hemos escuchado la historia de que la autora de Harry Potter fue rechazada 20 veces (incluso a Robert Kiyosaki también lo rechazaron y tuvo que auto publicar sus propios libros) y debido a esas historias de terror, aunque tenemos el libro escrito no solemos buscar una editorial.

Y la persona que te voy a presentar ahora, no sé cuántas puertas de editoriales habrá tocado desde que decidió autopublicar su libro, buscar una imprenta imprimir su libro y pagar la impresión.

El beneficio de trabajar con una editorial es que ellos te meten en la distribución de Sanborns y demás librerías importantes, pero él a base de tesón fue a todas las librerías exitosas de México y consiguió que vendieran su libro.

Es una persona que logra todo lo que quiere y para mi fortuna, lo tengo como vecino.

Yo estuve 2 años viviendo en Ciudad de México y cuando llegué donde vivo actualmente me encontré con que él vivía en la calle de atrás, algo que aproveché para hacer amistad y prueba de ello es que lo tienes ahora mismo aquí, ante ti, para compartirte su experiencia.

Así que sin más preámbulo, te dejo con Adrián Gutiérrez.

Hola, soy Adrián Gutiérrez y estoy encantado de que Helio me haya permitido poder compartir este trocito de su libro contigo.

Normalmente doy conferencias de 2 horas pero nunca hablando del tema que voy a compartir hoy contigo, cómo autopublicar un libro.

Pero vamos al tema...

¿Cómo me hice escritor?

Yo era empresario y me dedicaba industria textil (traje a México grandes marcas, manejé al Barcelona, al Manchester y a la Juventus, equipos grandes de fútbol) y la verdad es que me iba muy bien, por lo que no tengo otra razón válida para haber dejado ese negocio que la trascendencia.

Dos años después de graduarme hice mi tesis sobre cómo crear un negocio sin recursos y empezó a llamar la atención.

Me llamaban de universidades para que diera conferencias a los estudiantes sobre qué estaba haciendo, para que ellos también se animarán e hicieran lo mismo que yo.

Estudié comercio internacional y una preocupación grande de los que lo enseñaban era que los estudiantes emprendieran después de acabar sus estudios.

Por aquel entonces, lo que hacía era dar una charla técnica sobre cómo crear un negocio sin recursos, hasta que un día me dijeron: *"queremos que vengas a dar una conferencia pero que hagas algo más dinámico, más motivacional de lo que haces hasta ahora."*

Por aquel entonces tenía 26 o 27 años y era bueno hablando, pero un buen conferencista debe tener una conferencia con un nombre que enganche más y entonces decidí ponerle de nombre *"Como ser un mexicano exitoso"* y ver si alguien había escrito o había hecho algo similar a lo que yo decía acerca de mi experiencia sobre los negocios y experiencia como empresario.

Me di cuenta de que nadie hablaba ni había escrito sobre el tema y de que ahí tenía un nicho completamente libre para mí.

Con el tiempo fui perfeccionando mi conferencia. No lo hacía de manera profesional, sino que iba donde me invitaban y podían pasar perfectamente entre 2 y 3 meses entre una conferencia y otra. Pero yo me sentía muy emocionado de hablar ante 30 personas.

Fui mejorándola hasta que logré tener una muy buena conferencia e incluso había contratado a una persona que me hiciera una buena presentación de diapositivas y en 2012, por sugerencia de una maestra que me dijo: *"¿por qué no lo pones por escrito?"* Fue cuando decidí escribir un libro sobre el tema.

Empecé a escribir sin ninguna restricción ni ninguna regla, porque lo único que quería es que no se perdieran mis ideas. Así que escribí el libro y 2 años después ahí seguía, porque no conocía nadie en el mundo editorial y no sabía cómo sacarlo a la luz.

En uno de mis viajes quedé con una amiga de Puebla para comer y estando en la comida me preguntó: *"oye, ¿qué tal tu libro, cómo va?"*

Le dije: *"ahí está, no lo he sacado a la luz porque no conozco ninguna editorial"* y fue cuando me contó que el mejor amigo de su padre tenía una editorial.

Me dio sus datos, hablé con él y se lo mandé.

Entonces me llamaron y me dijeron: *"Adrián, nos gustó mucho tu libro. Más que nada por sacar un concepto que se llame mexicano exitoso y no solo va a ser tu libro si no que vamos a buscar a otros conferenciantes y otros escritores. Va a ser algo grande tú firma y ya está."*

Como yo no estaba pensando en el negocio sino que lo único que quería era ver mi libro publicado con mi nombre, firmé con ellos por 5.000 copias y me pidieron que les cediera la marca porque les había gustado.

El caso es que yo estaba encantado y en 2014 sacaron el libro en la feria con el título "Cómo ser un mexicano exitoso" y toda la parafernalia que conlleva la primera edición, pero a veces no sabemos lo que va a suceder detrás de cada libro.

Yo quería tener el libro publicado y ya lo tenía pero esa editorial estaba casi quebrada y mi libro era su "último proyecto de rescate" por así decirlo.

De hecho, lo mandaron imprimir en China y yo me preguntaba, *"¿cómo puede ser que un libro mexicano esté hecho en China y editado en Cataluña?"* (Porque la editorial era mexicano española). Me sonaba raro pero como tenía mi libro publicado y firmé mis primeros ejemplares, estaba más que pagado.

Esto fue en diciembre y en enero no llegaban los demás libros y a me extrañó pero como me decían que estuviese tranquilo, lo estaba.

El caso es que como la editorial había quebrado, los 4.500 libros que faltaban estaban retenidos en la aduana.

El problema es que yo no podía dar más conferencias ni podía imprimir más libros porque les había cedido los derechos.

Para no hacer este cuento muy largo, mi aventura empezó cuando por fin logré recuperar los derechos de mi libro y para ello tuve que ir a juicio porque me querían vender en cerca de 300.000 pesos los derechos de mi libro que les cedí sin que me pagaran absolutamente nada.

Fue un juicio mediante rápido donde nos aclaramos y recupere mis derechos y entonces me dije, *"si estudié comercio internacional y tengo una maestría en ello, ¿por qué no puedo hacer de mí un producto? Voy a sacar mi libro y lo voy a hacer exitoso."*

Como no podía sacar el mismo libro que ellos porque la primera edición les correspondía, saqué una segunda edición y al sacar nuevas ediciones hay que transformar el libro al menos en un 15 o un 20% pero como tenía mucho más material para incluir, no me costó mucho trabajo, además de cambiar la portada.

Para que un libro este a la venta y aun así te puedo decir que cada vez que leo mi libro encuentro errores, tiene que pasar un proceso en el que trabajan como tres o cuatro personas.

Trabaja un corrector de ortografía, trabaja un corrector de estilo, ya que tiene que tener un texto fluido que los lectores deben entender como si les estuviera hablando y a veces no lo escribimos así y hay gente que es experto en eso.

Después hay un diseñador porque la portada hay que diseñarla y también hay que hacer un diseño de interiores. Que las solapas tengan una foto, la biografía, que las páginas queden como tiene que quedar, que empiecen donde deben empezar y que acaben donde tienen que acabar... Es decir, todas esas cosas en las que tiene que trabajar una persona específicamente especializada en eso.

En el proceso fui conociendo uno a uno todo lo que necesitaba, ya que desconocía que lo necesitaba.

¿Sabes cuánto cuesta más o menos sacar un libro, es decir imprimirlo y publicarlo?

Yo lo sé porque es lo que me costó la segunda edición de "Cómo ser un mexicano exitoso", cuesta algo así como 120.000 pesos sacar 3.000 copias y en un país como México, donde no se lee, es todavía un reto mayor escribir y presentar un libro.

Una vez que lo tenía, lo primero que necesitaba era distribuirlo así que me pregunté dónde ir.

Busqué como loco en Google la dirección de contacto de las oficinas de Gandhi, pero no de las tiendas sino de las oficinas y no pude encontrarla porque a ellos no les gusta que los encuentre un escritor cualquiera, sino Porrúa, Planeta... Es decir, editoriales grandes que sí quieren que les presenten sus libros, pero no un escritor particular como yo.

Como era muy difícil encontrar las librerías, me planteé dónde vender mi libro, ya que los vendía mis conferencias pero también me gustaba la idea que se vendiera en cualquier librería como ahora.

Me puse a buscar teléfonos y contactos y te digo que tienes mucha suerte de estar leyendo esto, porque ojalá en ese entonces hubiese habido un libro como este y un Adrián Gutiérrez que me hubiese explicado todo lo que te estoy explicando.

Todo esto, te aseguro que lo hice a puro trancazo y encontré a Juan Copala de la Editorial Umbral, una editorial pequeña, que me pasó algunos teléfonos entre los que estaba el de la Casa del Libro de México y todo emocionado llamé a Casa del Libro en México.

Les dije: *"tengo este libro, ¿cuántos quieres?"*

Y su respuesta fue: *"es que nosotros no vendemos autores que solo tengan un libro, como mínimo deben tener tres, sino no vendemos."* Y ojo, Casa del Libro es una de principales librerías que está en México DF.

Después hablé con Sanborns y me dijeron: *"sí encantados, mándanos tu libro"* porque todos te dicen que les mandes tu libro.

¿Para qué?

Para ver si está bonito por fuera, que no se despegue, que esté bien la portada y demás, porque no lo van a leer. Imagínate, les llegan entre 15 y 20 libros diarios, con lo cual no tienen tiempo para leerlos ni aunque sean gente que leen mucho.

Lo que quieren ver es que el libro parezca un libro y si lo parece, Sanborns te dice que sí, pero te dice también que tienes que surtir a todas sus librerías.

Las librerías Sanborns tienen un montón, incontables. Imagínate si en una te piden 5 libros, en la otra 4, en la otra 2 y tener que mandarlos por FedEx continuamente y después estar comprobando que se venden y cobrándolos... ¡Un lío tremendo!

Al ver que yo me estaba echando atrás me dijeron: *"te vamos a dar una solución, contrata a una distribuidora de libros. Llama a esta distribuidora que trabaja con nosotros, se llama Multilibros."*

Llamé a Multilibros y me dijeron: *"sí, pero te vamos a cobrar un 65% del valor de tu libro."*

Eché cuentas y vi que si sumaba el 65% más el flete desde donde vivo a México DF más el 3% iba a acabar trabajando para ellos.

Además de todo esto, está el añadido de que nadie te hace una compra pagando por adelantado, solamente te dicen: *"tráemelo y si se venden te los pago, si no, aquí se quedan."*

En resumen, comencé a trabajar distribuyendo libros prácticamente a todas las librerías de México menos a las librerías El Sótano y Gandhi porque sus políticas de venta no me hacían ganar dinero.

Ahora, querido/a lector/a, quiero que te hagas esta pregunta...

Entras a una librería y ves mi libro "Cómo ser un mexicano exitoso" en un stand en el que también están Padre rico padre pobre", "Piense y hágase rico" y todo este tipo de libros, ¿por qué comprarías mi libro y no los demás? ¿Por la portada? ¿Por el color de las letras?

Nada de eso, lo que te hace comprar un libro es que hayas escuchado algo acerca del autor, bien porque lo viste entrevistado en algún lado o bien porque lo oíste mencionar y eso te hace pensar: *"ay, a este Adrián Gutiérrez lo vi y me acuerdo que alguien lo entrevistó, así que me lo voy a llevar porque nunca oí hablar de los que están al lado."*

Entonces lo más importante que hay después de escribir un libro es el Marketing de ese libro. Y yo me di cuenta de que, si quería vender libros, tenía que hacer mucha promoción de mi libro y al no tener una editorial que la hiciera tenía que hacerla yo.

Entonces lo que hice fue contactar con la oficina de los periodistas más influyentes de radio y televisión para decirles que había escrito un libro y que si se lo podía enviar, me decían que sí y empaquetaba el libro y se lo mandaba.

¿Y después que venía?

Descolgaba otra vez el teléfono al cabo de unos días les llamaba y les preguntaba: *"¿Ya te llegó mi libro?"* Y si me decía que todavía no llegó les respondía: *"pues les llamo la próxima semana."*

A la semana siguiente: *"¿Ya recibiste el libro?"*

"Sí, ya lo recibí."

"¿Se lo diste?" (Al periodista que tocara)

"Sí, ya se lo he dado."

A la semana siguiente: *"¿Ya leíste mi libro?"*

"No pude, tuve mucho trabajo."

"Venga, pues échale ganas que está muy bien."

Próxima semana: *"¿Ya leíste el libro?"*

"Sí, ya lo empecé a leer, está muy bien..."

Y así durante un buen tiempo.

¿Acaso pensabas que por mandar un libro y decirle soy un escritor independiente que ha escrito un libro ya se lo van a leer?

Para lograr ser entrevistado por Fernanda Familiar tardé como 6 meses en los que me hice amigo de su staff e incluso llegué a mandarles un libro a cada uno de ellos para que se lo leyeran también y dedicado. Así logré que al leerlo me dijeran: *"Oye, está muy bien tu libro. Le voy a decir a Fernanda que se lo lea."*

Y así fue como logré estar con Fernanda Familiar, con Susana Zabaleta y con muchas más periodistas de renombre en México gracias a este libro.

Y lo mejor de todo es que estas entrevistas fueron gratuitas porque ellos, vamos a decirlo así, tienen 20 programas vendidos al mes y de esos 20 tienen 15 ya completos, pero los otros 5 los completan con gente como yo, sin recursos y que tienen ganas de promocionar sus libros.

Por ejemplo, 5 minutos con Martha Debayle cuestan 13500 pesos. Eso sí, gracias a esos 5 minutos vas a vender cantidades industriales de libros y te vas a hacer mega famoso, pero eso es lo que cuesta.

Con Fernanda Familiar también es muy caro, pero yo logré estar en sus programas. Por eso hay que estar dando la lata durante 6 meses, porque para estar en esos cinco programas hay 100 personas y solo llaman a las que sean más insistentes como yo.

Créeme, cuando te digo que si persigues con vehemencia tu sueño, todo se va conectando.

Un día di una conferencia en Valle Real y en esa conferencia estaba una amiga de mi maestría y me dijo: *"te invito a que des una conferencia donde yo vivo."*

Cuando fui a dar esa conferencia, allí había una periodista de renombre que yo no sabía que era amiga de mi amiga y me invitó a su programa, se trataba de Martha Debayle.

Desde que fui con Susana Zabaleta y Fernanda, las ventas de mi libro se empezaron a disparar. Pero a partir del día que me llamó Martha Debayle para que fuera su programa, cambió mi carrera

Ese mismo día logré más de 2.000 seguidores nuevos en Twitter y más de 1.500 seguidores en Facebook y me invitaron a dar 45 conferencias que logré concretar más las que no logré concretar.

Y en ese momento me llamaron de El Sótano: *"Oye, necesitamos libros tuyos."* Les contesté: *"No, por esto, esto y esto".* Y su respuesta fue: *"Es que eso cosa de contabilidad y nosotros somos de compras..."*

Mi última respuesta fue: *"Pues arréglalo, porque ahora me estás buscando y en su momento, cuando te necesité, no me llamaste."*

¿Por qué lo hice? —Te preguntarás— pues por ti querido/a lector/a porque vas a tener los mismos problemas que yo tuve cuando empecé a lanzar mi libro y no me gustaría que te sucediera lo mismo. Por eso, tanto a El Sótano como a Gandhi, no les di la oportunidad de vender mi libro cuando ya se vendía mucho.

Decidí marcarme la meta de tener un libro cada dos años y comencé a escribir "100 cosas que todo mexicano debe saber".

Inmediatamente agarré la calculadora y me pregunté cuánto se gana por libro. Imprimir un libro cuesta 35 pesos, si le sumas abogados, el registro, sacar el ISBN y demás, para 3.000 copias (porque hacer más copias siempre te cuesta más barato que hacer menos) te sale el libro por 40 pesos y ese libro se vende en 250 pesos.

Pero donde más saco de venta por libro es en mis conferencias ya que lo vendo en 200 pesos y ganó 160 y esto que parece no ser mucho, cuando vendes 3.000 libros en un año como hice yo, ¿cuánto ganas? 480.000 pesos.

Eso es lo que gané en un año con "Cómo ser un mexicano exitoso" y si lo divides entre 12 meses, verás que salen 40.000 pesos al mes más o menos.

No está mal, ¿verdad?

Si lo hubiese hecho con una editorial habría ganado 70.000 pesos porque te dan el 10% del valor de tus ventas.

Conozco muchísimos autores de renombre y todos tienen un trabajo complementario porque del libro sacan el 10% de sus ventas, pero lo tienen como una ayuda por decirlo así.

Si te quieres dedicar a escribir libros, vender libros y hacer conferencias, tendrás que buscar otra alternativa que no sea una editorial que te dé el 10%, ya que si a esto le añades que cuando escribas un libro y se lo mandes a la editorial tardan 100 días tan solo para contestarte y desde que te contesten hasta que lo acepten y lo publiquen pasa un año y medio porque tienen un chorro de libros que sacar, pues la verdad es que no es interesante.

De hecho, Porrúa me ofreció sacar una tirada de 12.500 libros de mi libro "Cómo ser un mexicano exitoso", eché cuentas y cuando esos 12.500 libros se vendieran me dejarían 325.000 pesos, bastante menos de lo que yo había conseguido el año anterior vendiendo 3000 copias de mi libro.

Me marqué como meta que "100 cosas que todo mexicano debe saber" tenía que salir en la FIL 2016 y si no era así, no me interesaba sacarlo.

Planeta me ofreció sacarlo en la FIL 2017 y le dije que no, que tenía que ser en la de 2016 y si no, ya sé cómo hacerlo solo.

Aprendí a hacer el marketing de mis libros, aprendí a escribirlos, aprendí cómo ganar dinero vendiendo libros en mis conferencias y ahora ya tengo dos, el primero que es una máquina de hacer dinero y el segundo que lleva camino de serlo.

A la hora de escribir un libro hay algo muy importante que debes tener en cuenta, antes de ponerte a escribir sobre lo que quieres contar al mundo, debes averiguar si trata de algo que quieren leer o escuchar.

Esto es lo más importante para que las personas lean tu libro y después estén deseando leer tu segundo libro así que esa es la otra parte en la que tienes que incidir.

Cuando tienes una idea para un libro, antes de ponerte a escribir hazte esta pregunta: *"¿Merece ser leído?"*

Hoy en día, ¿sabes quiénes son los que venden más libros?

Los youtubers.

¿Estoy en contra de ello?

No, porque tengo clarísimo que es porque las editoriales necesitan vender libros y de cada diez libros que salen, uno es el que realmente les va a dar dinero para pagar al resto.

Parece exagerado, pero créeme que es pura estadística. Ellos publican diez libros creyendo que van a ser un éxito, pero realmente solo es uno el que va a darles los ingresos para pagar la inversión del resto de libros.

Yuya no para de vender libros.

¿Por qué?

Porque es Yuya.

Germán vende libros que quizá ni tan siquiera escribió, simplemente tuvo que poner su firma y decir: *"Soy Germán"* y listo.

¿Es ético?

No lo sé, pero venden 5.000 libros en una sentada y eso es lo que interesa a las editoriales.

Otra cosa importante a la hora de escribir tu libro es que debes procurar que se entienda.

Para que te hagas una idea, el Quijote es el libro más leído de la historia o uno de ellos por lo menos y el lenguaje en el que está escrito se hace muy dificultoso de leer, ¿no sería mejor que estuviera escrito en un lenguaje que se entendiera más fácilmente?

Y eso es lo que debes procurar en tu libro.

Aunque tengas una maestría, no debes de escribir un libro que solo entiendas tú y a veces ni eso.

No es que mi libro esté mal hecho, al contrario, está bien documentado, las cuentas están bien hechas y está escrito de manera que si lo lee alguien que entiende dirá: *"Ah, pues sí, esto que dice este libro es muy cierto"* y si por el contrario lo lee alguien que no tiene ni idea del tema pensará: *"Terminé de leer el libro en un fin de semana y me quedé con ganas de leer más, a ver si saca el segundo."*

Esa es la respuesta de las personas que leen mi libro y es justo o que debes lograr con el tuyo.

¿Por qué escribí "100 cosas que un mexicano debe saber"?

Porque los mexicanos no leen y por lo tanto se les olvidan muchas cosas que les recuerdo en ese libro, como por ejemplo, qué significa México. Por lo tanto, cumplo con la norma de darles algo que quieren leer y por eso se vende.

Si tienes algo que decirle al mundo y quieres sacar tu propio libro y dedicarte a tiempo completo a esto, tienes que hacer todo lo que yo hice y si no, búscate una editorial que te dé el 10% y te dedicas a tu trabajo, si es que tienes otro trabajo, total tu ingreso principal estará en otro lado.

Si no encuentras una editorial que quiera publicar tu libro, crea tu propia editorial.

¿Cuál es el problema?

Yo lo hice, mi editorial es "Cómo ser un mexicano exitoso".

Pero créeme que nadie se fija en el sello, se fijan en la portada y en si han oído hablar del autor o no.

Yo tengo la manía de hacer las cosas paso por paso y no quiero comerme el mundo en 3 días, por eso no empecé a distribuir mi libro en todos lados y crear el formato digital (ebook) y en 15 días tener los dos libros en formato digital en todo el mundo.

No lo hice en su momento porque soy un romántico y me gusta más el libro en formato físico, además que sabía que llegaría el momento en que una empresa me ofreciese un buen trato y una buena plataforma para hacerlo de la manera correcta y no lo que me habían ofrecido hasta entonces tipo: *"te lo convierto, lo hacemos en Kindle y lo subimos a Amazon."*

No. Una empresa me contactó hace relativamente poco y me dijo: *"Lo hacemos en formato digital, lo publicamos en todas las plataformas y lo distribuimos internacionalmente. Aquí está el contrato."* Y eso llegó cuando tenía que llegar.

Y Porrúa me dijo: *"Yo no voy a publicar tu libros, pero déjame la distribución y te lo mandaré a las principales librerías del país."* Y acepté porque consideré muy interesante el tenerme que pelear yo con ellos.

¿Entiendes ahora por qué te digo que no tengo prisa por avanzar todo de golpe?

Cada cosa se va alineando en su debido momento.

Buena prueba de ello son los contactos de mi teléfono. Han cambiado radicalmente en dos años y ahora tengo un montón de contactos de editoriales y autores con los que me llevo bien a pesar de que no firmé con ellos.

Dónde si me interesa firmar es en la distribuidora internacional que va a distribuir mi libro impreso en 30 países diferentes.

Quizá en Dinamarca hayan dos mexicanos, pero por ejemplo en Estados Unidos sí que hay mexicanos que lo vayan a comprar y me interesa que se distribuya en Estados Unidos y Canadá sobre todo, pero que además mi libro se vea en todos lados, pues adelante.

Trabajo mucho también las redes sociales y estoy todos los días trabajando para que sepan dónde voy a estar día tras día y para que no pierdan contacto conmigo.

Créeme, vale la pena y tal es la influencia que estoy teniendo que Porto-Novo me regala camisas para que la saque en mis conferencias y una marca de calcetines también.

Y todo eso va sumando y sumando y me invitan a programas de radio, me invitan para que escriba columnas y todo eso sigue sumando y el libro va cogiendo más repercusión.

Además de todo esto, sigo haciendo trabajo de marketing porque soy muy bueno y me gusta.

También doy conferencias a través de todo el país, no tantas como quisiera pero no me puedo quejar, y vendo libros y esto se ha convertido en mi modo de vida.

¿Cuánto he tardado en lograrlo?

Dos años desde que empecé a meter mi dinero en impresión y hacerme conocer en entrevistas y demás, hasta que logré lo que tengo ahora.

Cuando estaba con el textil me daba mucha pereza salir de Guadalajara y prefería mandar catálogos por correo y ahora que voy a dar conferencias, voy con toda la ilusión del mundo y no me cuesta nada salir porque esto es lo que me apasiona.

Sé que si hago las cosas bien, tarde temprano voy a ganar lo que con la ropa, porque ganaba mucho, pero estoy agradecido porque lo que he ganado solo en un año, no lo gana el 80% de los mexicanos.

Es un gran resultado, pero a mí me gustaría igualar lo que ganaba con la ropa, así que ese es mi gran reto.

Conclusión

Bueno, querido/a lector/a, hemos llegado al final del libro y espero que tengas mucho más claro la manera de generar múltiples fuentes de ingreso con tus libros.

Pero antes de despedirme quiero darte algo más.

Quiero darte una serie de tips sobre cómo escribir tu libro a la velocidad de la luz y monetizarlo al máximo.

Cómo Escribir Tu Libro A La Velocidad De La luz

Lo primero que te quiero revelar es mi estrategia para crear libros a la velocidad de la luz.

Se trata de una estrategia que me permitió crear un libro por semana e incluso, si te lo propones, puedes crear varios libros en un solo día.

La estrategia es que no tienes que escribir el libro sino que tienes que hacer un webinar o un hangout sobre el tema que quieres tocar en tu libro y después mandar a transcribir esta grabación.

Yo tengo a una persona contratada, a la cual le mando el vídeo y él lo transcribe, lo corrige, lo maqueta, le da forma de libro, lo publica en Kindle y en CreateSpace y listo.

Es decir, le envío el vídeo y él me devuelve dos libros terminados y publicados.

Esta estrategia me permitió hacer un libro por semana y llegar a los 52 libros en 2016 y a fecha de hoy 53 con este.

Esta estrategia me permite disponer de más tiempo, porque tan solo tengo que emplear en escribir un libro la hora y media o dos horas que puede durar el webinar y el resto ya lo hace él.

Le mando el vídeo y en cuestión de 4 o 5 días tiene el libro listo y publicado.

Por supuesto, ni que decir tiene que hace las transcripciones editando, es decir, si yo digo *"póngame su comentario en el chat"* o *"¿se me escucha?"* o *"¿se ve mi pantalla?"* no transcribe eso, sino que toma el contenido relevante del webinar y lo pasa al libro de manera que se pueda leer perfectamente.

Si te interesa contactar a esta persona no tienes nada más que contactar conmigo y te paso sus datos.

Gana dinero publicando libros sin derechos de autor

La siguiente estrategia se trata de publicar libros en Amazon que no son tuyos.

Se trata de encontrar libros que no tienen derechos de autor, libros de los que puedes tomar el contenido libremente y sin ninguna restricción y publicarlo en la plataforma de Amazon.

Son, como te digo, libros que no fueron registrados, que fueron escritos antes de que se inventara todo esto de los derechos de autor y el lugar donde puedes encontrar todo este tipo de libros es en https://www.gutenberg.org/

Todos los libros que encuentras ahí los puedes transcribir y publicar tranquilamente, para después subirlos a Kindle o a CreateSpace y comenzar a ganar dinero con lo que escribieron otros autores.

Se puede decir que podrías hacer Best Sellers a personas que ya no están aquí, sino que están en otro apartado espiritual.

Gana dinero escribiendo libros que no son tuyos

En esta estrategia lo que puedes hacer es escribir resúmenes de libros.

Es decir, compras un libro y haces un extracto, un sumario, un resumen, como quieras llamarlo, lo publicas en Kindle y en CreateSpace y puedes ganar dinero haciendo resúmenes de libros.

Hay una empresa que hizo mucho dinero con esto y se llama precisamente http://resumido.com/

Es una de las empresas que han hecho toda una fortuna con este sistema de escribir libros.

Anímate porque es algo que se hace mucho y que puedes monetizar.

Gana dinero haciendo notas de libros

Otra de las estrategias tiene mucho que ver con la anterior y es escribir notas de libros.

No se trata de hacer resúmenes, sino que mientras lees un libro vas tomando notas, vas tomando apuntes y eso es lo que vas a publicar en Amazon.

No es un resumen, no es textual, son tus notas, tus apuntes, a los que puedes agregar comentarios adicionales y se trata de tu visión personal del libro.

Gana dinero haciendo mapas mentales de libros

Esta es otra estrategia que te puede dar dinero en Amazon.

Los mapas mentales son resúmenes en una sola hoja que te permiten tener todo el ADN de un libro para repasarlo de un solo vistazo.

Es una habilidad que puedes aprender y monetizar vendiendo estos mapas mentales.

Ahí lo tienes, puedes crear mapas mentales, subirlos a Amazon y comenzar a ganar dinero.

Convertir tu libro en un audiolibro

Esta es otra estrategia con la que puedes ganar dinero con tu libro y lo que puedes hacer es convertir tu libro en un audiolibro.

Para ello, puedes ir a sitios como Fiverr.com donde hay personas a las que puedes contratar para que hagan el audiolibro por ti.

Simplemente los contratas, les mandas el libro, ellos lo narran por ti y te pasan el audio, con lo cual, el libro se ha convertido en audiolibro.

Esto lo puedes subir a la plataforma CreateSpace y comenzar a vender tu libro como un audiolibro.

Espero que te sirva esta información y que lo pongas en práctica y empieces a vender tu libro también en forma de audiolibro.

Reconfigura el contenido de tu libro

¿En qué consiste esta estrategia?

En pasar tu libro a formato audiolibro o a vídeo curso y en CreateSpace puedes subir tanto los audios como los vídeos y así tendrás tu libro publicado en Amazon en formato digital, en formato físico, en formato de audiolibro y en formato de vídeo

Curso y comenzar a vender el mismo contenido en varios formatos para multiplicar tus ingresos.

Vender tu libro con editorial

Como sabes, las editoriales pagan entre el 6 y el 10% de regalías, pero en caso de que consigas una editorial que imprima el libro por ti, se trata prácticamente de dinero gratuito porque ellos son los que ponen tu libro a la venta en los diversos puntos de distribución y venta y no tienes más que recibir esas regalías.

Tienes que tratar de negociar con ellos que tengas también los derechos de vender tu libro en otras plataformas y de esta forma puedas tener lo mejor de ambos mundos.

En caso de que quieras hacer la autopublicación de tu libro, es decir, que imprimas por tu cuenta los libros sin necesidad contar con una editorial, puedes contratar los servicios de una distribuidora de libros.

Gana dinero autopublicando tu libro

En esta estrategia lo que puedes hacer es mandar a imprimir tu libro.

Es decir, vas a un centro de impresión y encargas la impresión del libro y para ello, puedes conseguir financiación en uno de los sitios que existen de financiación colectiva, donde tienes que hacer la preventa de tu libro para conseguir personas que quieran financiar tu proyecto.

Y la estrategia de monetización consiste en vender tu libro de manera offline y una de ellas puede ser dando conferencias y poniendo tu stand donde puedes vender tu libro una vez terminada la conferencia.

Con esta estrategia ganarás más dinero porque es un porcentaje mayor de beneficios que con una editorial.

Ahí tienes esta estrategia espero que la utilices y te sirva de mucho.

Vende tu libro por internet fuera de Amazon

¿De qué se trata esto?

De que encargues la impresión de tu libro, ya sea con una imprenta o encargándola simplemente desde CreateSpace y le vas a hacer un embudo de ventas con una página donde las personas puedan descargar tu libro de manera gratuita.

Así es, van a encargar tu libro gratis y simplemente tienen que pagar el envío y ese envío va a servir para asumir los costos de fabricación.

Y dirás, *"pero entonces, ¿cómo gano dinero?"*

Lo que tienes que hacer una vez ellos encargan tu libro es hacerles ofertas aumentadas de otro tipo de productos que tengas y de esta manera conseguirás venderles más productos tuyos, incluso de mayor valor que tu libro.

Gana dinero haciendo paquetes de ofertas

Esta estrategia consiste en hacer paquetes de varios libros, otros donde pongas tu libro junto al mapa mental y el resumen de tu libro, puedes hacer paquetes de resúmenes de libros, paquetes de mapas mentales, paquetes de notas de libros, paquetes de libros sin derechos de autor... De todo lo que tengas a tu alcance puedes hacer paquetes y ponerlos a la venta

A las personas les gusta comprar porque se sienten como si estuvieran recibiendo bonos, como si estuvieran recibiendo más de lo que están pagando, así que haz estos paquetes con tus propios libros o incluso con libros que estés leyendo de otros autores y comienza monetizar esta estrategia.

Estrategia maestra para poner todo junto

Esta estrategia te permite poner todo lo que te acabo de decir:

Primer Paso

Consiste en hacer un webinar para, de este webinar, sacar el libro.

Segundo Paso

Convertir ese webinar el libro digital y físico para subirlos a Amazon y a CreateSpace.

Tercer Paso

Crear mapas mentales, notas y/o resúmenes de este libro y subirlos también a Amazon y venderlo incluso como paquetes.

Cuarto Paso

Convertir ese libro en un audiolibro que puedas subir también a Amazon y a CreateSpace y comenzar a monetizarlo.

Quinto Paso

Convertir ese webinar en un entrenamiento en vídeo que puedas monetizar en CreateSpace.

Sexto Paso

Imprime tu libro en CreateSpace o en una imprenta que conozcas y haz un embudo online donde poner ofertas aumentadas donde puedes colocar todo esto o incluso productos más caros que tengas para ofrecer sobre el mismo tema.

Séptimo Paso

Vende este mismo libro físico en tus conferencias.

Octavo Paso

Distribuye este libro, ya sea con una editorial o con una empresa de distribución, en las librerías en las que puedas entrar.

Como puedes ver, siguiendo estos ocho pasos estarás haciendo todos los pasos en uno y te acabo de dar toda la secuencia.

Cuando la escuchas o lees la primera vez, te puede sonar a ciencia nuclear así que léela varias veces y comienza a poner en práctica esta estrategia y verás cómo tus resultados aumentan exponencialmente.

Si ves que te ocupa mucho tiempo hacer todo esto, siempre puedes contratar personas o incluso si te crees capaz puedes hacerlo tú mismo/a, hazlo. Pero por favor, ponlo en práctica porque si no, no vas a lograr ganar ni un solo centavo.

Espero que hayas disfrutado leyendo este libro tanto como yo escribiéndolo y apliques y te beneficies de estas súper estrategias maestras de monetización.

Me gustaría saber de tus éxitos en breve.

Tu amigo,

Helio Laguna

www.ingramcontent.com/pod-product-compliance
Lightning Source LLC
Chambersburg PA
CBHW021044180526
45163CB00005B/2279